por
Barbara Getty e Inga Dubay

Handwriting Success™
Portland, Oregon USA

GETTY-DUBAY® SERIE DE LA LETRA ITÁLICA

LIBRO A ▪ Itálica Básica
Altura de la letra: 14 mm

LIBRO B ▪ Itálica Básica
Altura de la letra: 11 mm y 9 mm

LIBRO C ▪ Itálica Básica y Cursiva
Altura de la letra: 9 mm y 6 mm   Introducción a la itálica cursiva

LIBRO D ▪ Itálica Básica y Cursiva (Edición en idioma inglés)
Altura de la letra: 6 mm y 5 mm

LIBRO E ▪ Itálica Básica y Cursiva (Edición en idioma inglés)
Altura de la letra: 6 mm, 5 mm y 4 mm

LIBRO F ▪ Itálica Básica y Cursiva (Edición en idioma inglés)
Altura de la letra: 6 mm, 5 mm y 4 mm

LIBRO G ▪ Itálica Básica y Cursiva (Edición en idioma inglés)
Altura de la letra: 5 mm y 4 mm

MANUAL DE INSTRUCCIONES (Edición en idioma inglés)

LIBRO C ▪ EDICIÓN EN ESPAÑOL

© Copyright 2021 por Handwriting Success, LLC

ISBN 978-1-7334352-5-3

CUARTA EDICIÓN
Copyright 2012 por Barbara M. Getty e Inga S. Dubay
TERCERA EDICIÓN
Copyright 1994 por Barbara M. Getty e Inga S. Dubay
SEGUNDA EDICIÓN
Copyright 1986 por Barbara M. Getty e Inga S. Dubay
EDICIÓN CORREGIDA
Copyright 1980 por Barbara M. Getty e Inga S. Dubay
PRIMERA EDICIÓN
Copyright 1979 por Barbara M. Getty e Inga S. Dubay

Todos los derechos reservados.
Está prohibida la reproducción total o parcial
sin la autorización expresa y por escrito del titular de los derechos.

La marca Getty-Dubay® es una marca comercial registrada de la empresa en los Estados Unidos.

Publicado por Handwriting Success, LLC

Distribuido por Ingram

Handwriting Success, LLC
PO Box 19088
Portland, Oregon 97280 USA

Diseño de portada: Sinda Markham
Imagen de portada: Árboles de álamo temblón
Imagen de contraportada: Coyote en invierno, abeja en flor de tanaceto

Dedicamos la edición en español a la memoria de Christine Colasurdo; calígrafo, autor, artista, educador.

TABLA DE CONTENIDO

iv	Introducción
v	Getty-Dubay Alfabeto Itálico
vi	Recordatorios
viii	Pre/post-evaluaciones

Getty-Dubay® Itálica Básica

1	Familias de Minúsculas 1 y 2
2	Familias de Minúsculas 3 y 4
3	Familias de Minúsculas 5 y 6
4	Familias de Minúsculas 7 y 8
5	Minúsculas - a, b, c, d
6	Minúsculas - e, f, g, h
7	Minúsculas - i, j, k, l
8	Minúsculas - m, n, o, p
9	Minúsculas - q, r, s, t
10	Minúsculas - u, v, w, x
11	Minúsculas - y, z
12	Mayúsculas - A, B, C, D
13	Mayúsculas - E, F, G, H
14	Mayúsculas - I, J, K, L
15	Mayúsculas - M, N, O, P
16	Mayúsculas - Q, R, S, T
17	Mayúsculas - U, V, W, X
18	Mayúsculas - Y, Z
19	Marcas Diacríticas
20	Numerales y palabras 0-7
21	Numerales y palabras 8–10
22	Días de la Semana
23	Frases ▪ Preguntas y respuestas
24	Meses del Año ▪ Enero-Junio
25	Meses del Año ▪ Julio-Diciembre
26	Frases ▪ Las Estaciones
27	Frases ▪ Comparativo de Superioridad
28	Citas
29	Revisión de Itálica Básica — 6 mm
30	Numerales y Palabras 0–11
31	Numerales y Palabras 12+
32	Trabalenguas
33	Trabalenguas

Getty-Dubay® Itálica Cursiva

34	Transición a Itálica Cursiva
35	Transición a Itálica Cursiva
36	Serifas de Salida
37	Serifas de Entrada y Serifas de Salida
38	Itálica Cursiva — Unión 1 n, m
39	Itálica Cursiva — Unión 1 r, x
40	Itálica Cursiva — Unión 2 n, m
41	Itálica Cursiva — Unión 2 r, x
42	Itálica Cursiva — Unión 2 i, p
43	Itálica Cursiva — Unión 2 t, u
44	Itálica Cursiva — Unión 2 v, w
45	Itálica Cursiva — Unión 2 b, k
46	Itálica Cursiva: Une 3 y 4 o, e
47	Itálica Cursiva — Unión 5 f, t
48	Itálica Cursiva — Unión 5 o, v, w
49	Revisar Uniones 1–5
50	Práctica de Frases
51	Ciudades del Mundo
52	Ciudades del Mundo
53	Ciudades del Mundo
54	SUPLEMENTO DEL LIBRO C Introducción a las Uniónes 6-8
56	Líneas de Letras — 6 mm

INTRODUCCIÓN A LA ESCRITURA A MANO ITÁLICA GETTY-DUBAY®

Este es el tercero de siete libros de trabajo de la serie de escritura a mano en cursiva de Getty-Dubay® que brinda instrucción en escritura a mano en itálica básica y es el primer libro en el que se introduce la itálica en cursiva. El Libro C está diseñado para el segundo grado y también sería adecuado para la última parte del primer grado o el tercer grado. También puede proporcionar un programa apropiado para el estudiante con discapacidad de aprendizaje o para la persona que está aprendiendo inglés como segundo idioma.

Este libro no pretende ser un programa de lectura; de hecho, la comunicación escrita se compone de palabras y oraciones, no solo de letras aisladas. En consecuencia, está diseñado para proporcionar al estudiante experiencias significativas de escritura a mano. Para demostrar algunas de las formas prácticas en que usamos las letras, se incluyen: modos de transporte, nombres de pila, días de la semana, meses del año, estaciones del año, citas y trabalenguas.

INSTRUCCIONES PARA EL MAESTRO / ESTUDIANTE: El proceso de escritura / información de trazos, instrucciones, notas, recordatorios, opciones y evaluaciones se incluyen en las páginas de los estudiantes. En el MANUAL DE INSTRUCCIONES se encuentran más descripciones de letras y uniones y preguntas de evaluación. Cada página de este libro está diseñada para que el escritor trace los modelos y luego escriba letras, palabras y / u oraciones en los espacios provistos. En algunas páginas, el escritor completa una línea determinada escribiendo su "mejor" letra en el cuadro vacío. El lápiz es la herramienta de escritura estándar, pero se pueden usar otras herramientas como el bolígrafo de punta de fibra. Además de la revisión de la cursiva básica, se presenta una introducción a la itálica cursiva para ayudar al estudiante a aprender los fundamentos de la escrituro a mano en cursiva. Las primeras cinco de las ocho combinaciones se presentan en el LIBRO C. El programa completo de escritura a mano en itálica básica e itálica cursiva de Getty-Dubay® se presenta en los LIBROS D, E, F y G. Consulte la nota importante para el instructor en la página 35.

EVALUACIÓN: La evaluación es la clave para mejorar. Nuestro método de autoevaluación permite al estudiante monitorear el progreso. Este formato MIRAR, PLANIFICAR, PRACTICAR proporciona habilidades de autoevaluación aplicables a todas las situaciones de aprendizaje. PASO 1: se le pide al estudiante que MIRE la escritura y afirme qué es lo mejor. Se hacen preguntas que requieren una respuesta sí / no. "Sí" es la afirmación de una tarea cumplida. "No" indica trabajo por hacer. El paso 1 se utiliza en el LIBRO C.

GESTIÓN DEL AULA: Utilizando instrucción directa, presente unas dos páginas por semana, con práctica de seguimiento en papel rayado. Demuestre el proceso / secuencia de trazos para letras y uniones. Esta instrucción, junto con las oportunidades para integrar la escritura a mano en otras áreas del plan de estudios, puede proporcionar de 25 a 40 minutos de práctica, de 4 a 5 veces por semana.

Desde el primer día, tenga las TIRAS DEL ALFABETO PARA ESCRITORIO y el GRÁFICO DE PARED en su lugar. Para una práctica adicional, tenga papel rayado disponible que coincida con las líneas de 9 mm y 6 mm utilizadas en este libro (consulte los recordatorios). Las líneas al final del MANUAL DE INSTRUCCIONES pueden estar duplicadas. Escriba en las líneas provistas en este libro o use papel fino para calcar los modelos. Es esencial que el instructor comprenda el uso del punto y la flecha para ayudar al estudiante a completar las páginas con éxito. Se recomienda que las letras y el vocabulario se repasen con el estudiante antes de pasar a la página asignada.

Enseñe que "Todas las letras comienzan en la parte superior y van hacia abajo o hacia arriba, excepto las minúsculas **d** y **e**". Comience cada sesión de escritura con esta afirmación y dígala en voz alta con los estudiantes. Enfatice la importancia de cerrar las partes superiores de **a**, **d**, **g**, **q** y **o**, así como los números **0**, **5**, **8** y **9**. Esta cuarta edición presenta opciones de unión y opciones de elevación para que los estudiantes las consideren. Esperamos que sus estudiantes disfruten de estas lecciones mientras aprenden o meyoran sus habilidades de itálica básica y comienzan con la itálica cursiva.

Consulte el MANUAL DE INSTRUCCIONES para obtener más información.

Para obtener herramientas, materiales y más información en línea, visite
www.handwritingsuccess.com.

GETTY-DUBAY® SERIE DE LA LETRA ITÁLICA
ALFABETO EN ITÁLICA BÁSICA E ITÁLICA CURSIVA

ITALICA BÁSICA

Todas las letras se escriben en un solo trazo, a menos que se indique lo contrario.
*Todas las letras comienzan en la parte superior, excepto las minúsculas **d** y **e**.*

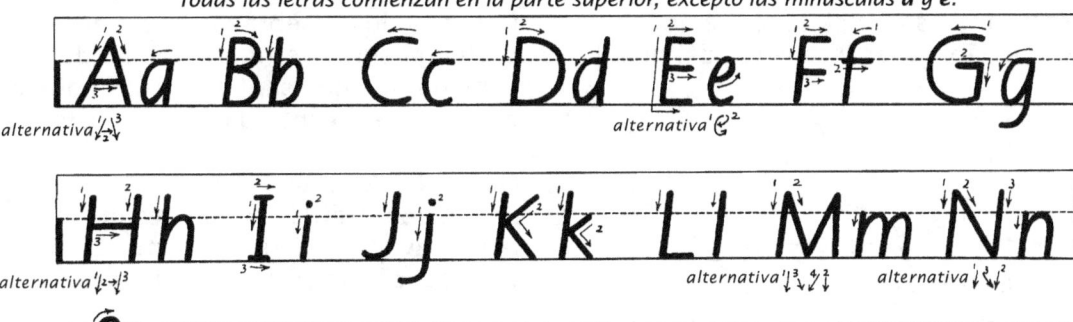

ITÁLICA CURSIVA

Todas las letras se escriben en un solo trazo, a menos que se indique lo contrario.
*Todas las letras comienzan en la parte superior, excepto las minúsculas **d** y **e**.*

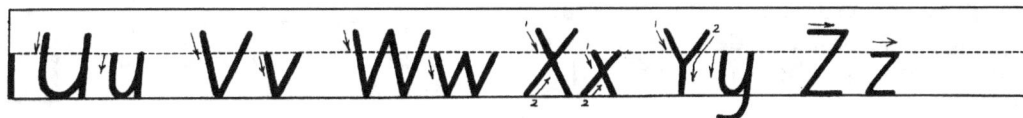
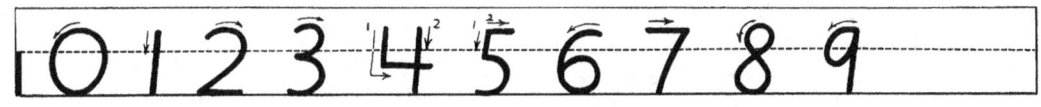
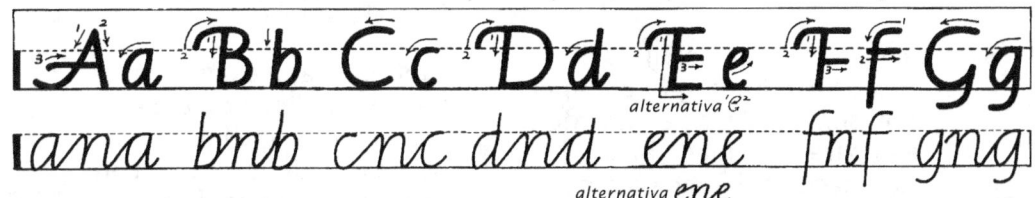

GETTY-DUBAY® LETRA ITÁLICA RECORDATORIOS

CÓMO AGARRAR EL LÁPIZ
Utilice un lápiz de grafito suave (n° 1 o n° 2) con goma de borrar. Sostenga el lápiz con el pulgar y el índice, descansando sobre el dedo medio. La parte superior del lápiz descansa cerca del nudillo grande.

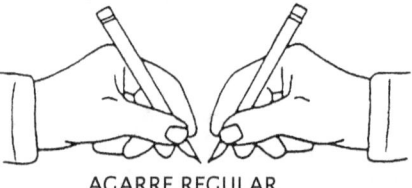
AGARRE REGULAR

Sostenga el lápiz con firmeza y ligereza. EVITE pellizcar. Para relajar la mano, toque el lápiz con el dedo índice tres veces.

Los agarres problemáticos como el 'pulgar envolvente' (el pulgar no toca el lápiz) y el 'agarre mortal' (agarre muy apretado del lápiz) dificultan el uso de los pequeños músculos de la mano. Para aliviar estos problemas, pruebe esta sujeción de lápiz alternativa.

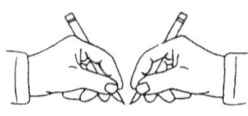
MANTENIMIENTO ALTERNATIVO

Coloque el lápiz entre el dedo índice y el dedo medio. El lápiz descansa allí junto a los nudillos grandes. Sostenga el lápiz de la manera habitual en la punta de los dedos.

POSICION DEL PAPEL
ZURDO
Si es zurdo y escribe con la muñeca debajo de la línea de escritura, gire el papel en el sentido de las agujas del reloj para que quede inclinado hacia la derecha, como se muestra en la ilustración.

Si es zurdo y escribe con un "gancho" con la muñeca por encima de la línea de escritura, gire el papel en sentido contrario a las agujas del reloj para que quede inclinado hacia la izquierda como se muestra en la ilustración. (Similar a la posición de la mano derecha).

DIESTRO
Si es diestro, gire el papel en sentido contrario a las agujas del reloj para que quede inclinado hacia la izquierda como se muestra en la ilustración.

POSTURA
Apoye los pies en el suelo y mantenga la espalda cómodamente recta sin desplomarse. Descanse los antebrazos sobre el escritorio. Sostenga el cuaderno de trabajo de papel con la mano que no escribe de modo que el área de escritura esté centrada frente a usted.

OPCIONES DE PAPEL RAYADO
Se pueden usar las siguientes opciones para papel rayado cuando las instrucciones indiquen usar papel rayado para la práctica:

1. Las líneas con una altura de cuerpo de 9 mm (la distancia desde la línea de base hasta la cintura) se incluyen en el MANUAL DE INSTRUCCIONES. Estos se pueden duplicar o se pueden utilizar como guías debajo de una hoja de papel sin forro. Sujete con sujetapapeles.

2. Las líneas con una altura de cuerpo de 6 mm se incluyen en la página 56. Estos se pueden duplicar o se pueden utilizar como guías debajo de una hoja de papel sin forro. Sujete con sujetapapeles.

3. Algunos papeles escolares tienen una línea de base sólida y una línea superior punteada. Utilice papel con una altura de cuerpo de aproximadamente 9 mm (3/8") o 6 mm (1/4").

4. Si se utiliza una hoja de cuaderno, seleccione papel de renglones anchos con un espacio de aproximadamente 9 mm (3/8") entre líneas para la primera mitad del LIBRO C y papel de cuaderno con renglones universitarios con un espacio de aproximadamente 7 mm aproximadamente (1/4") para la segunda mitad del LIBRO C.

NOTA PARA EL INSTRUCTOR: Estos recordatorios están escritos para el estudiante, pero dado que la mayoría de los escritores de IBRO C son lectores tempranos, transmita la información anterior en sus propias palabras.

Getty-Dubay® Escritura Itálica Recordatorios

VOCABULARIO

línea superior — peso corporal — altura del asta ascendente — altura de las mayúsculas — línea de ramificación — pierna — arco — forma básica **a** — curva elíptica — travesaño

línea de base — altura del descendente — diagonal — arco invertido — forma básica **a** invertida

ángulo suave — punto — ángulo suave — brazo — ángulo agudo — unión diagonal — unión horizontal — contraforma

Serifa de salida — serifa de entrada — serifa de entrada

TRAZOS

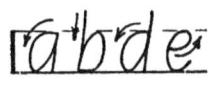 Las letras cursivas básicas comienzan en la parte superior y van hacia abajo o hacia arriba (horizontal), excepto **d** y **e** (d comienza en la cintura y e comienza en el centro de la altura del cuerpo). Si se proporciona un punto, coloque un lápiz sobre el punto y luego siga la dirección de la flecha.

 Las letras se escriben de un trazo a menos que se indique lo contrario. Trace el modelo en una línea sólida y luego copie el modelo en el espacio provisto.

DIMENSIONES DE LAS LETRAS

FORMA:
Las letras minúsculas en cursiva básica se dividen en ocho familias según la forma. Las letras mayúsculas en cursiva básica se dividen en tres grupos de ancho. Las combinaciones de minúsculas en cursiva se dividen en ocho grupos de combinaciones. Las primeras cinco combinaciones se presentan en el LIBRO C.

TALLA:
Las letras se escriben con una altura de cuerpo constante. Las mayúsculas, ascendentes y descendentes, se escriben una vez y media la altura del cuerpo.

PENDIENTE (INCLINACIÓN):
Los modelos están escritos con una pendiente de 5 grados. Una pendiente constante es una parte importante de una buena letra. Para opciones de pendientes individuales, consulte las Pautas de pendientes en el MANUAL DE INSTRUCCIONES.

ESPACIAMIENTO:
Las letras se escriben muy juntas dentro de las palabras. Las uniones son espacios naturales en itálica cursiva; cuando ocurran elevaciones, mantenga las letras juntas. El espacio entre palabras es el ancho de una **m** en itálica básica y el ancho de una **n** en itálica cursiva.

VELOCIDAD:
Escriba a una velocidad cómoda. (Aunque la velocidad no es una preocupación principal en este nivel, los estudiantes avanzados pueden usar la escritura cronometrada en el MANUAL DE INSTRUCCIONES como se sugiere para los LIBROS D-G).

META
Escriba con letra clara y legible.

MEJORA
La evaluación es la clave para mejorar la escritura a mano. En este libro usamos el primero de los tres pasos del proceso de autoevaluación MIRAR, PLANIFICAR Y PRACTICAR.

MIRA: Los estudiantes miran su propia escritura y responden la pregunta asociada en la página.

 El lápiz indica que el estudiante debe responder por escrito a la pregunta, generalmente encerrando en un círculo "sí" o "no".

 El maestro puede animar a los estudiantes a que se otorguen una estrella en la parte superior de la página cuando noten la superación personal.

EVALUACIÓN INFORMAL DEL PROGRESO DEL ESTUDIANTE

La función principal de la instrucción de escritura a mano es promover la legibilidad para que podamos comunicarnos más eficazmente entre nosotros.

PRE-PRUEBA   Antes de comenzar con el Libro C, pida al alumno que escriba parte o la totalidad de la siguiente oración.

La cigüeña tocaba cada vez mejor el saxofón y el búho pedía kiwi y queso.*

1.

2.

3.

POST-PRUEBA   Después de completar el libro C, pida al estudiante que escriba una vez más la oración siguiente y la fecha de hoy en itálica básica o itálica cursiva.

La cigüeña tocaba cada vez mejor el saxofón y el búho pedía kiwi y queso.*

1.

2.

3.

* Esta oración usa todas las letras del alfabeto.

EVALUACIÓN   Consulte el MANUAL DE INSTRUCCIONES para conocer las herramientas de evaluación completas.

FORMA: Cada letra es similar a los modelos del libro de trabajo.
TAMAÑO: Letras similares tienen la misma altura (por ejemplo: **aec**, **dhk**, **gpy**)
                Las letras mayúsculas y minúsculas con ascendentes tienen la misma altura.
PENDIENTE: Las letras tienen una pendiente constante (entre 5 y 15 grados)
ESPACIO: Las letras dentro de las palabras están poco espaciadas.
                Los espacios entre palabras tienen el ancho de una **n**.
VELOCIDAD: Las palabras se escriben con fluidez a una velocidad cómoda.

GETTY-DUBAY® ITÁLICA BÁSICA FAMILIAS DE MINÚSCULAS
presentado de acuerdo con formas similares

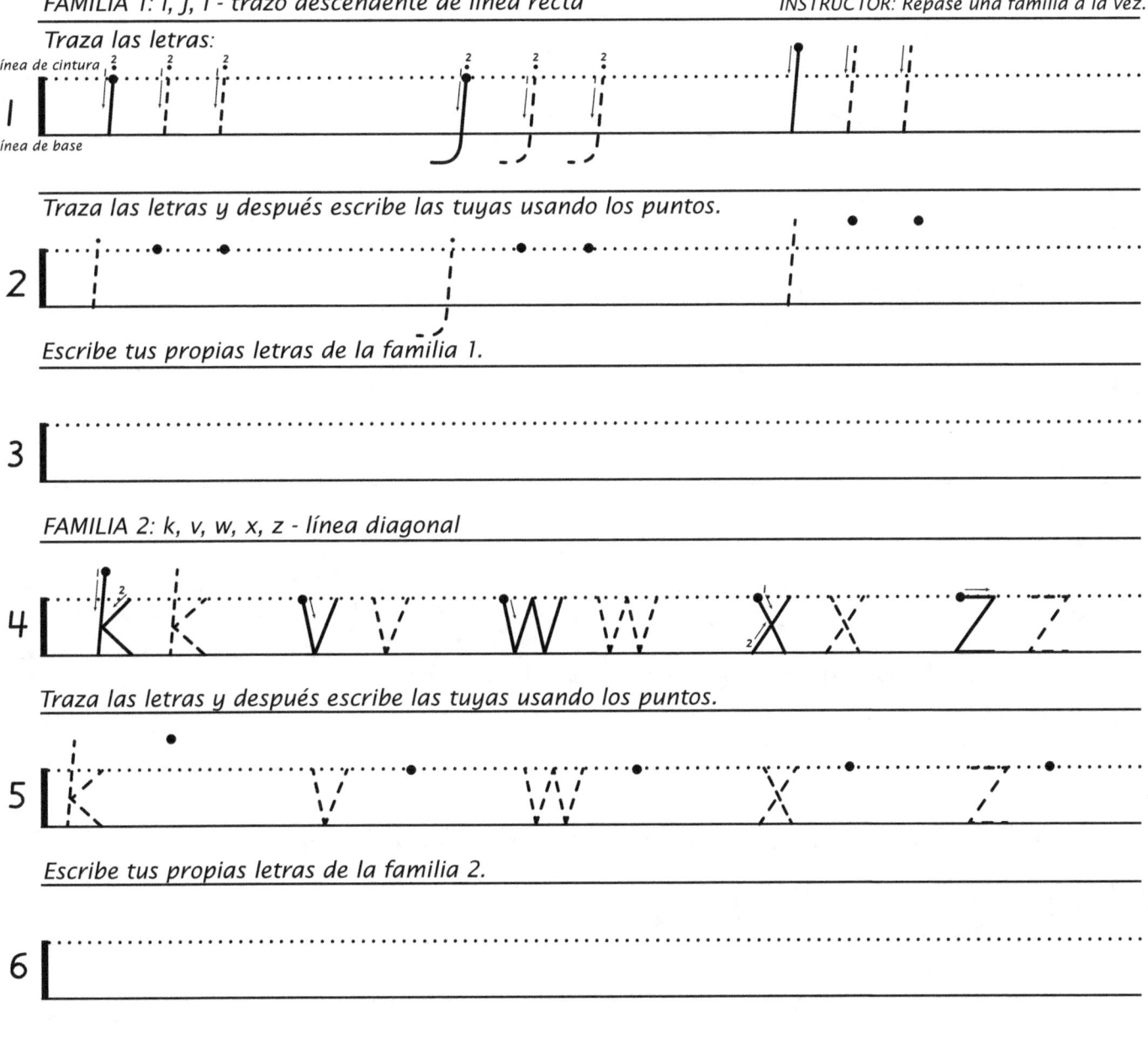

Getty-Dubay® Itálica Básica Familias de Minúsculas

FAMILIA 3: h, m, n, r - arco INSTRUCTOR: Repase una familia a la vez.

Traza las letras:

1 h h m m n n r r

Traza las letras, luego escribe las tuyas usando los puntos:

2 h m n r

Escribe tus propias letras de la familia 3:

3

Lee las palabras que están en la línea 4, luego trázalas.

4 hijo mil niño

En la línea 5, escribe las letras que trazaste en la 4.

5 h m n

FAMILIA 4: u, y - arco invertido

6 u u y y

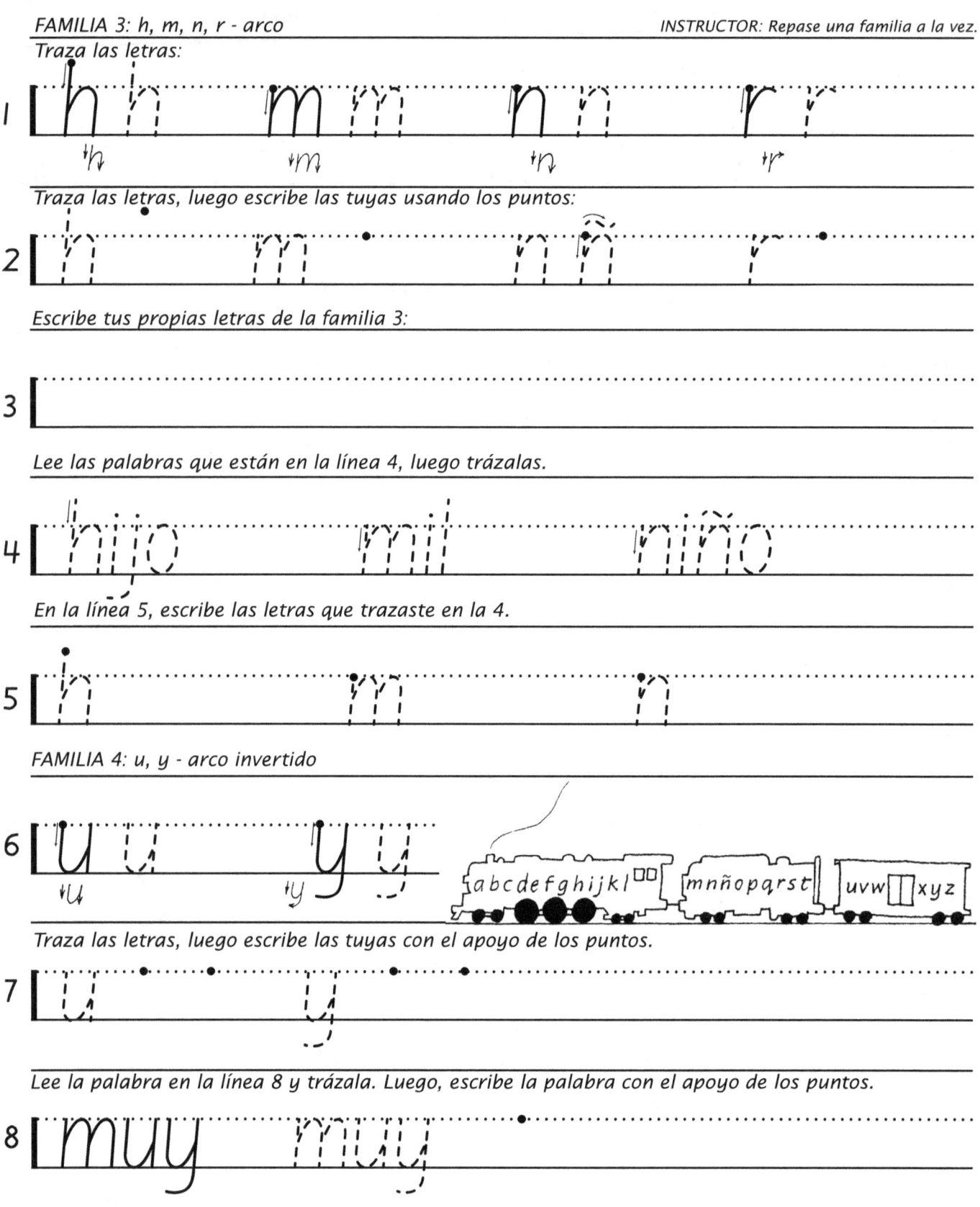

Traza las letras, luego escribe las tuyas con el apoyo de los puntos.

7 u y

Lee la palabra en la línea 8 y trázala. Luego, escribe la palabra con el apoyo de los puntos.

8 muy muy

MIRA: ¿Cada arco de las letras **h**, **n** y **m** (alcanza/logra) la altura de la equis?

✏ Encierra en un círculo: sí no

Getty-Dubay® Itálica Básica Familias de Minúsculas

FAMILIA 5: **a, d, g, q** — forma básica de la **a** minúscula   INSTRUCTOR: Repase una familia a la vez.
Traza las letras:

1   a a   d d   g g   q q

Traza las letras, luego escribe las tuyas usando los puntos como referencia.

2   a   d   g   q

Lee las palabras en la línea 3, luego escribe las tuyas usando los puntos como referencia.

3   azul   día   gallina   quizá

En la línea 4, escriba las palabras que trazaste en la línea 3.

4   a   d   g   q

FAMILIA 6: **b, p** - forma básica de la **a** minúscula, invertida

5   b b   p p   b p

Traza las letras, luego escribe las tuyas usando los puntos como referencia.

6   b   p

Lea las palabras en la línea 7, luego trazar:

7   ballena   pan   palabra

En la línea 8, escriba las palabras que trazaste en la línea 7.

8   b   p   p

MIRA: Revisa cada palabra que escribiste en la línea 7. ¿Tus letras están lo suficientemente cerca?

✏︎ Encierra en un círculo: sí   no

Getty-Dubay® Itálica Básica Familias Minusculas

FAMILIA 7: **o, e, c, s** - curva elíptica INSTRUCTOR: Repase una familia a la vez.
Traza las letras:

1 | o o e e c c s s

e alternativa de 2 trazos

Traza las letras, luego escribe las tuyas usando los puntos como referencia.

2 | o · · e · · c · · s ·

FAMILIA 8: **f, t** - cruce

3 | f f t t

*La **t** tiene un asta ascendente corta en la base.*

4 | f · · · t · ·

Lee las palabras de las líneas 5 y 7, luego trázalas.

5 | Conozco todas las

En la línea 6, escribe las palabras que trazaste en la línea 5.

6 | C

7 | letras del alfabeto.

En la línea 8, escribe las palabras que trazaste en la línea 7.

8 | l

MIRA: Lee la frase que escribiste. Dibuja un círculo alrededor de tu mejor palabra.

✏ Encierra en un círculo: sí   no

Getty-Dubay® Itálica Básica Familias Minuscúlas — maneras en que la gente viaja

Maneras en que la gente viaja

Traza las letras: *Escribe tu mejor letra en en el recuadro.*

1. a   a a a   · · · · · · a

2. automóvil

3. b   b b b   · · · · · · b

4. bicicleta

5. c   c c c   · · · · · · c

6. caballo

7. d   d d d   · · · · · · d

8. despegar

MIRA: Revisea cada **a** y **d** que escribiste. ¿Se ven felices o tristes?

✏️ Encierra en un círculo: a   a

Getty-Dubay® Serie de la Letra Itálica • Libro C

Getty-Dubay® Itálica Básica Familias Minuscúlas — maneras en que la gente viaja

Traza las letras: Escribe tu mejor letra en en el recuadro.

1. e e e e · · · · · · e

2. escalera mecánica

3. f f f f · · · · · · f

4. funicular

5. g g g g · · · · · · g

6. globo aerostático

7. h h h h · · · · · · h

8. helicóptero

MIRA: ¿Cerraste la g en su parte superior?

✎ Encierra en un círculo: sí   no

Getty-Dubay® Itálica Básica Familias Minuscúlas — maneras en que la gente viaja

Traza las letras: Escribe tu mejor letra en en el recuadro.

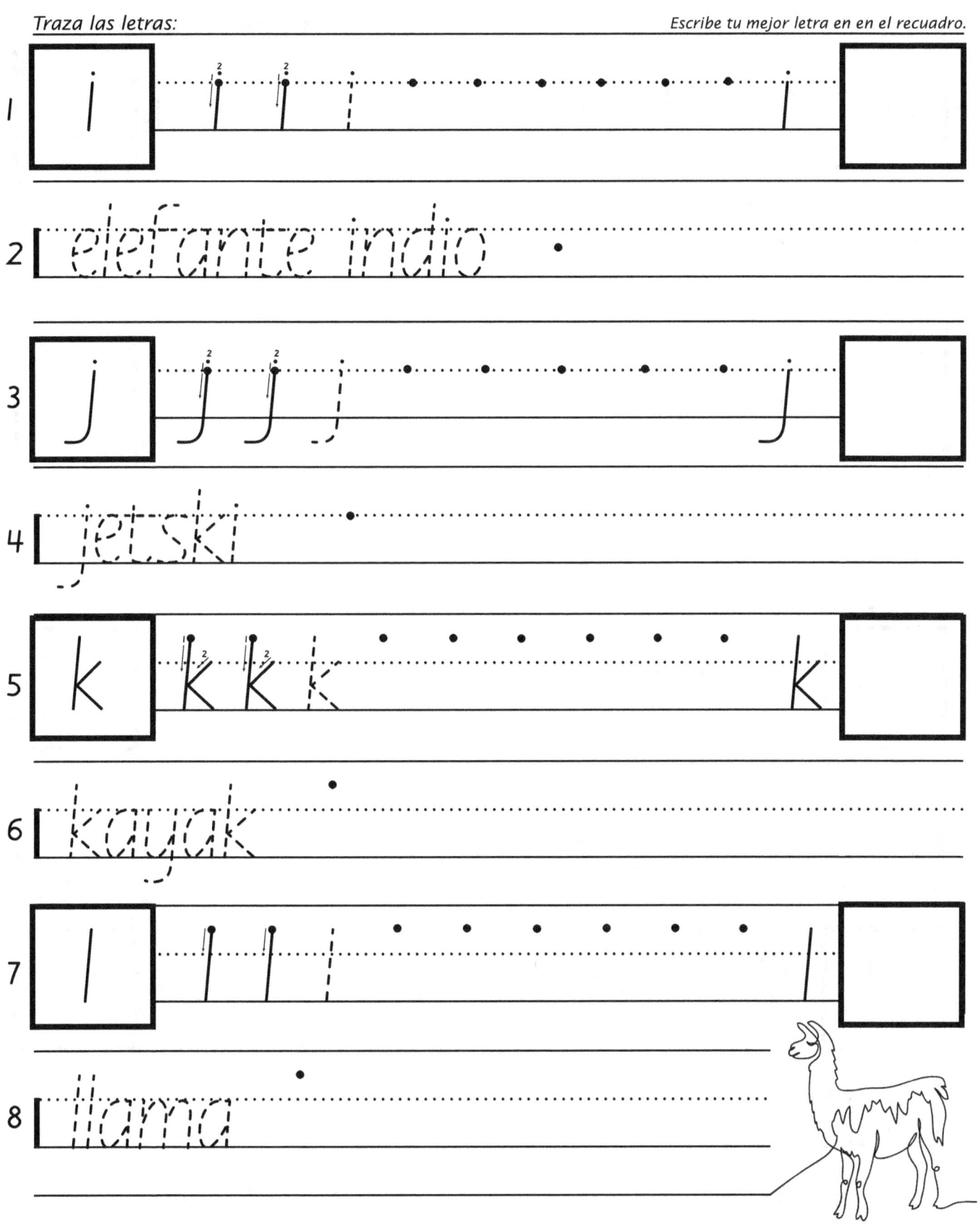

MIRA: ¿Cada 'l' se inclina hacia la derecha de la misma manera?

Encierra en un círculo: sí   no

Getty-Dubay® Itálica Básica Famílias Minuscúlas — maneras en que la gente viaja

Traza las letras: Escribe tu mejor letra en en el recuadro.

1. m   m m m   m

2. motocicleta

3. n   n n n   n

4. nave espacial

5. o   o o o   o

6. órbita espacial

7. p   p p p   p

8. patines

MIRA: Cerraste la 'o' en su parte superior?

✎   Encierra en un círculo: sí   no

Getty-Dubay® Itálica Básica Familias Minusćulas — *maneras en que la gente viaja*

Traza las letras: *Escribe tu mejor letra en en el recuadro.*

1. q q q q · · · · · q

Escribe una palabra que tenga la letra q.

2.

3. r r r r · · · r

4. rickshaw

5. s s s s · · · · s

6. submarino

7. t t t t · · · · · t

8. tren

MIRA: ¿Cruzaste la 't' en la línea superior?

✏ Encierra en un círculo: sí   no

Getty-Dubay® Itálica Básica Famílias Minuscúlas — maneras en que la gente viaja

Traza las letras: Escribe tu mejor letra en en el recuadro.

1. u u u u u

2. ultraligero

3. v v v v v

4. velero

5. w w w w w

6. windsurf

7. x x x x x

8. xebec

MIRA: ¿La 'w' que escribiste toca 3 veces en la línea superior?

Encierra en un círculo: sí   no

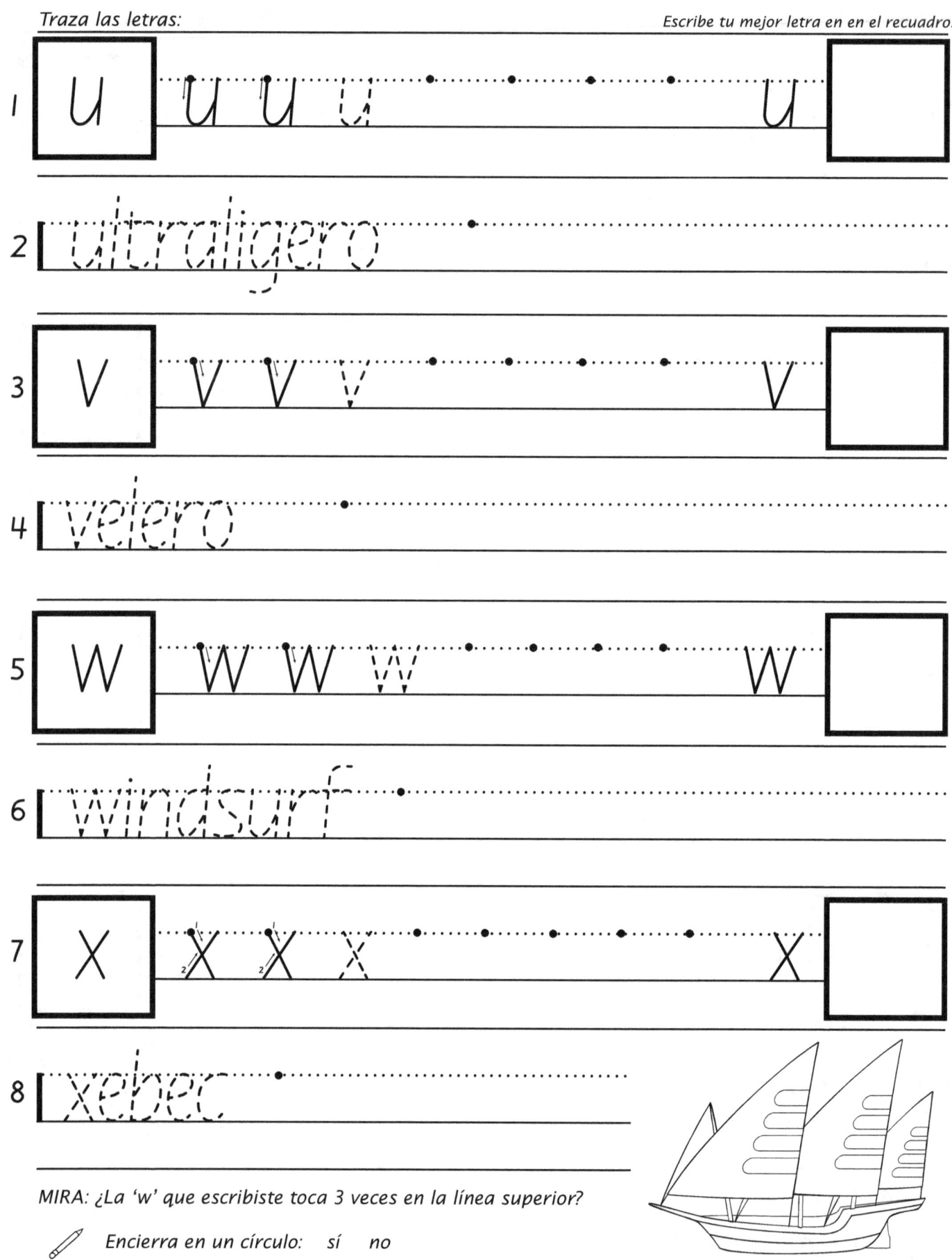

Xebec: un velero de tres mástiles.

Getty-Dubay® Serie de la Letra Itálica • Libro C

Getty-Dubay® Itálica Básica Familias Minuscúlas — *maneras en que la gente viaja*

Traza las letras: *Escribe tu mejor letra en en el recuadro.*

1. y y y y   y

2. yate

3. z z z z   z

4. zepelín

5. Puedo viajar de muchas

6. maneras diferentes.

7.

8.

MIRA: ¿De cuántas maneras has viajado tu? ✏ _____ .

GETTY-DUBAY® ITÁLICA BÁSICA LETRAS MAYÚSCULAS
Nombres Dados

Traza las letras: *Escribe tu mejor letra en en el recuadro.*

1. A A A A . . . . . A
2. Alison
3. B B B . . . . B
4. Bernardo
5. C C C C
6. Carlos
7. D D D . . . D
8. Daniel

MIRA: ¿Tus letras mayúsculas comienzan a medio camino entre la línea X y la línea superior?

✏️ Encierra en un círculo: sí   no

Getty-Dubay® Itálica Básica Letras Mayúsculas— nombres dados

Traza las letras: Escribe tu mejor letra en en el recuadro.

1. E E E • • • • E

2. Ester

3. F F F • • • • • F

4. Frank

5. G G G • • • • G

6. Gloria

7. H H H • • • H

8. Hector

MIRA: ¿Están tus letras juntas en la mayoría de las palabras?

Encierra en un círculo: sí   no

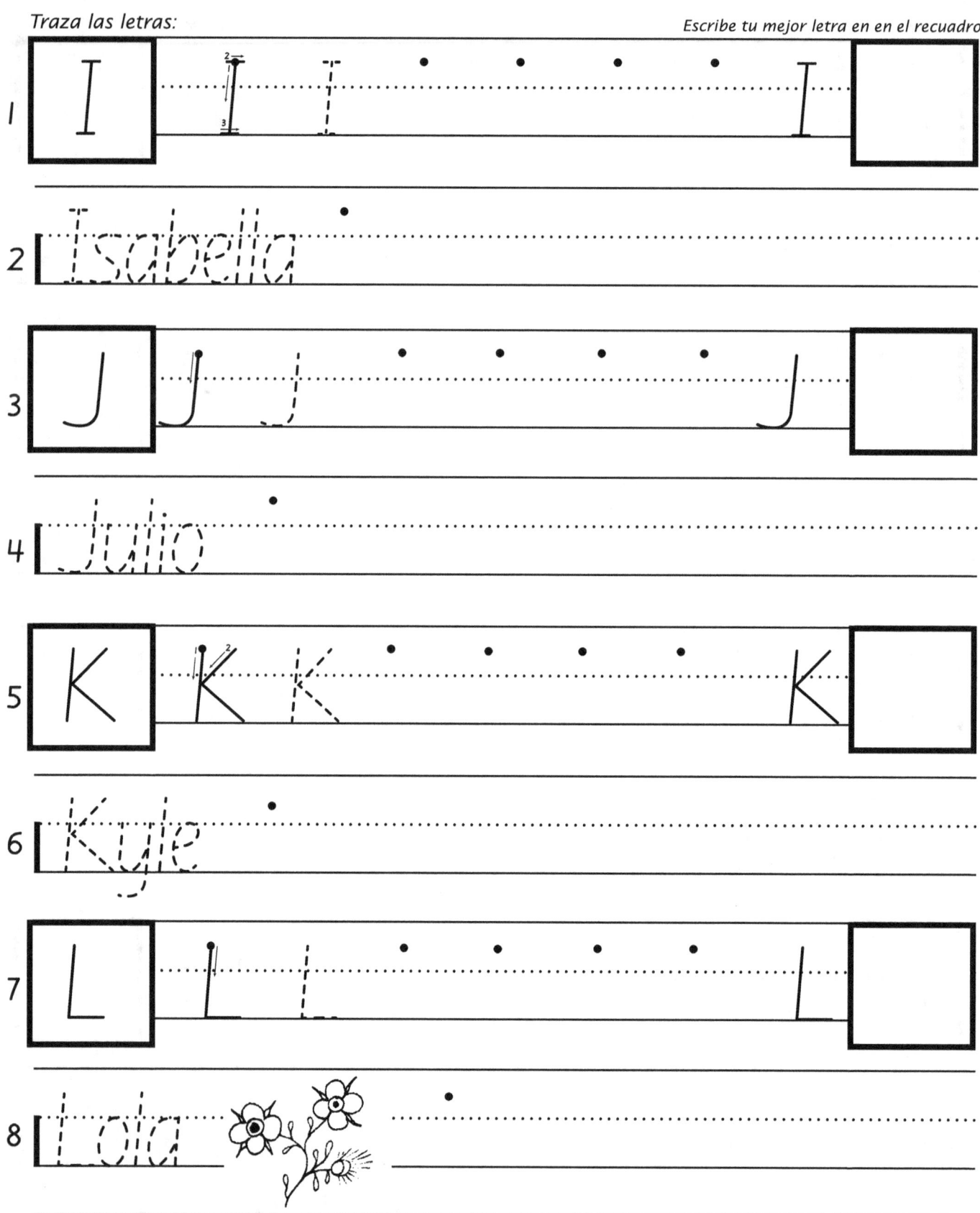

Getty-Dubay® Itálica Básica Letras Mayúsculas — *nombres dados*

Traza las letras: *Escribe tu mejor letra en en el recuadro.*

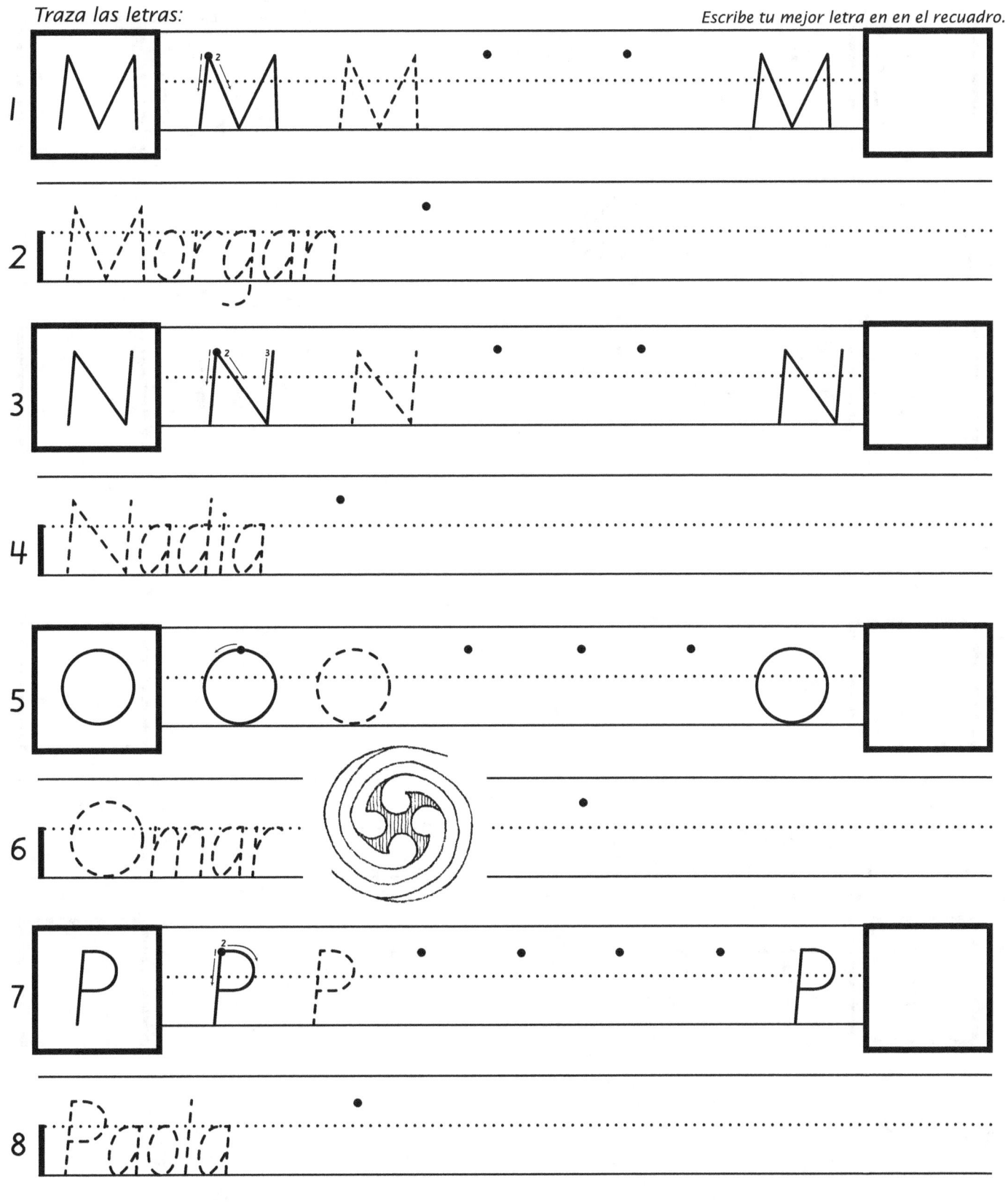

MIRA: ¿Están tus letras mayúsculas comenzando a medio camino entre la cintura y la línea superior?

Encierra en un círculo: sí   no

Getty-Dubay® Itálica Básica Letras Mayúsculas — *nombres dados*

Traza las letras: *Escribe tu mejor letra en en el recuadro.*

1 Q Q Q Q
2 Quinn
3 R R R R
4 Rosa
5 S S S S
6 Samantha
7 T T T T
8 Troy

MIRA: ¿Tu **d** minúscula comienza a la 'altura de la x'?

✏️ Encierra en un círculo: sí   no

Getty-Dubay® Itálica Básica Letras Mayúsculas — nombres dados

Traza las letras: Escribe tu mejor letra en en el recuadro.

1   U   U U U U U U

2   Ursula

3   V   V V V V V

4   Victoria

5   W   W W W W W W

6   Wallace

7   X   X X X X X

8   Xavier

MIRA: ¿El centro de tu 'W' mayúscula es la misma altura que las dos líneas exteriores?

✏️ Encierra en un círculo: sí   no

Getty-Dubay® Itálica Básica Letras Mayúsculas — nombres dados

Traza las letras: Escribe tu mejor letra en en el recuadro.

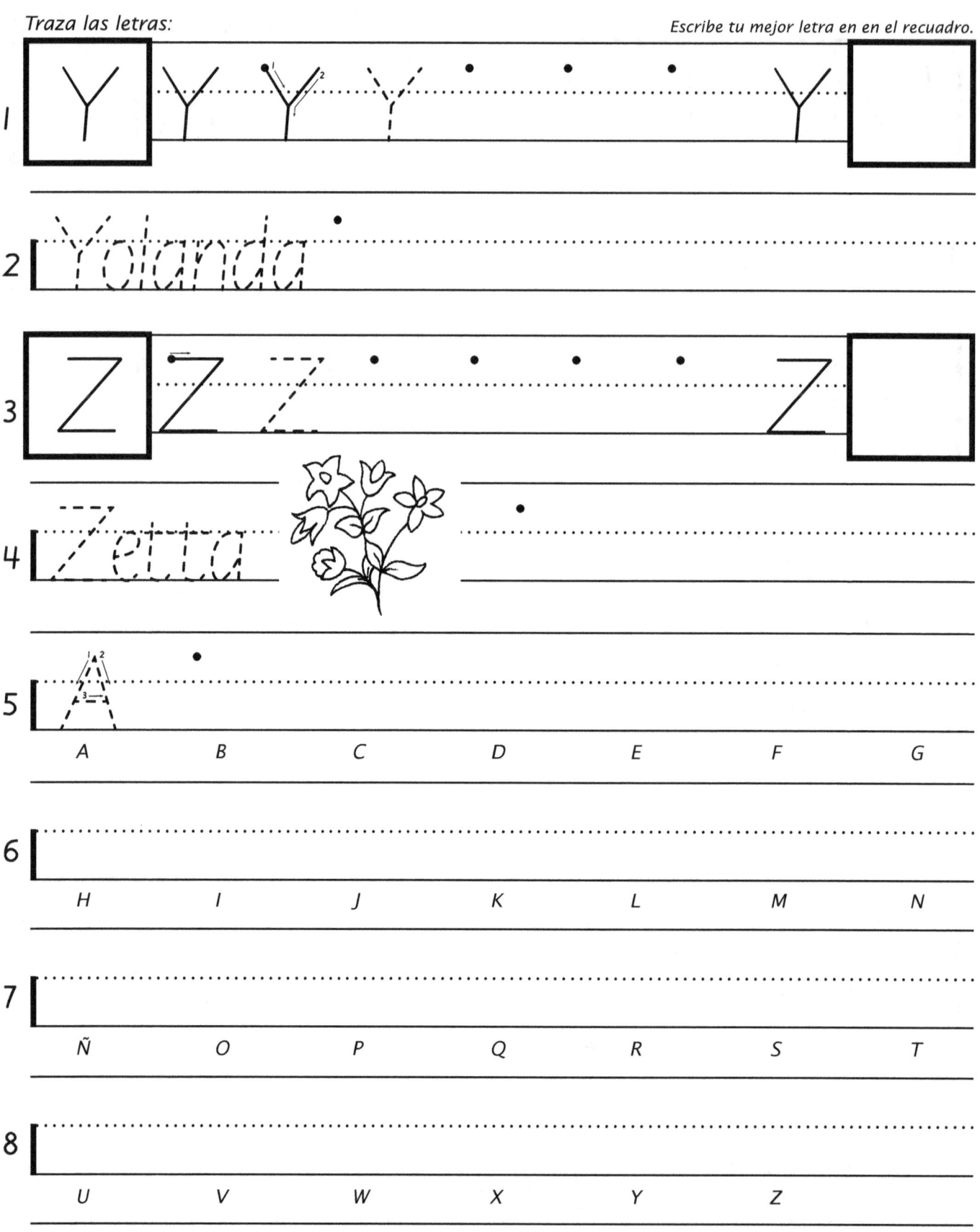

MIRA: ¿Tu **d** minúscula comienza en la 'altura de la x'?

    Encierra en un círculo: sí   no

Getty-Dubay® Itálica Básica Marcas Diacríticas

El español utiliza letras con signos diacríticos. Dibuja estas marcas después de las letras base.
Traza las letras:

1 á é í ó ú ñ

2 Á É Í Ó Ú Ñ

Lee, traza y luego escribe: *Los sufijos del pretérito*

3 Olga cogió un limón.

Copia la oración de la línea 3:

4

5 Manuel y María están

6 cogiendo cerezas.

Copia la oración de las líneas 5 y 6:

7

8

MIRA: ¿Generalmente, tus letras se inclinan en la misma dirección?

Encierra en un círculo: sí   no

Números y Palabras Numéricas

Traza, luego escribe:

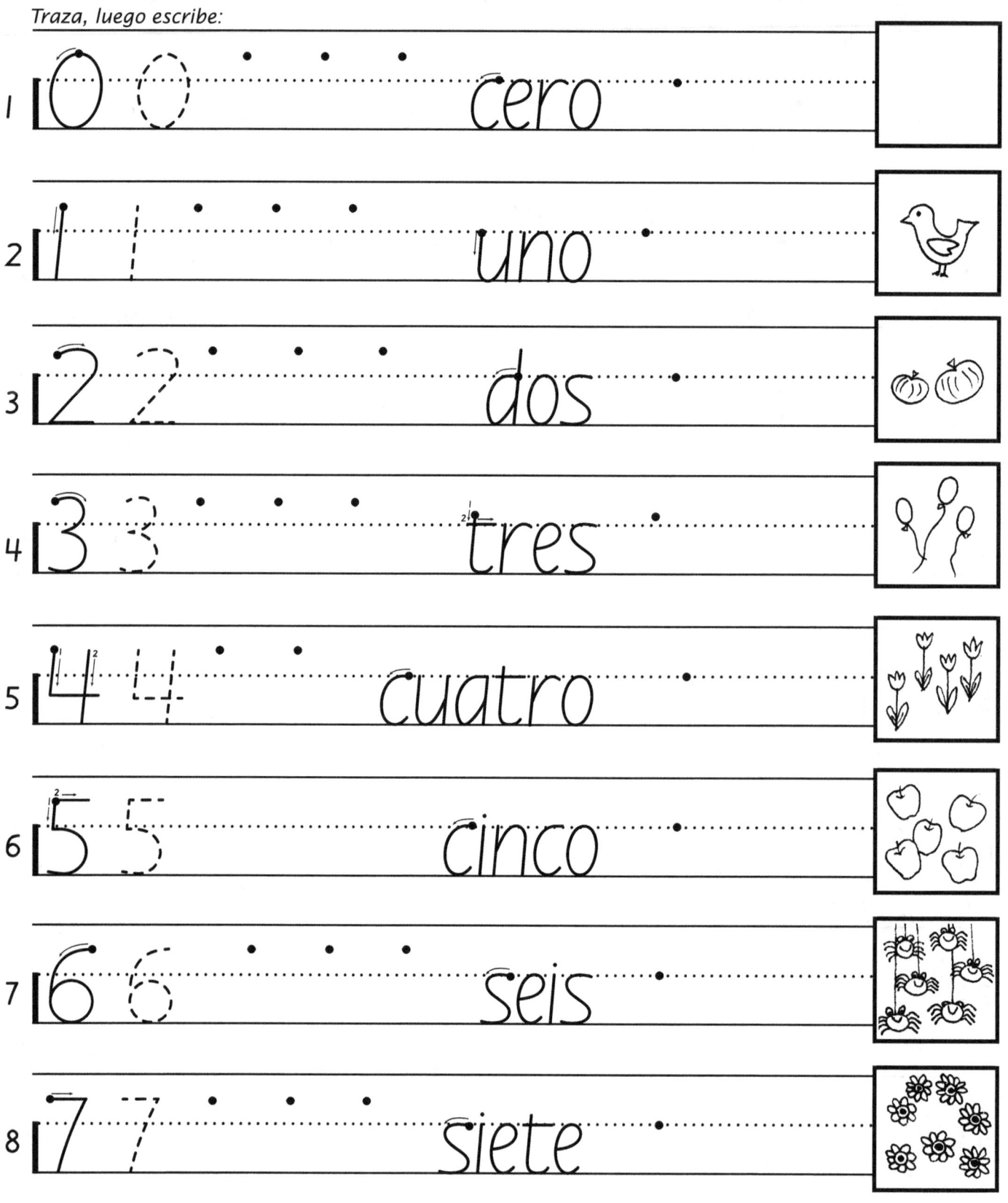

Getty-Dubay® Itálica Básica Números y Palabras Numéricas

Traza, luego escribe:

1. 8 8 . . . . . ocho

2. 9 9 . . . . . nueve

3. 10 10 . . . . . diez

Traza la oración siguiente. Llena el espacio vacío con una palabra.

4. Tengo _____ años.

Traza esta oración, después escríbela en las líneas 7 y 8.

5. En mi próximo cumpleaños,

6. voy a tener _____ años.

Copia la oración de las líneas 5 y 6:

7.

8.

MIRA: ¿Completaste los dos espacios en blanco?

✏️ Encierra en un círculo: sí   no

Días de la Semana

Nota: Los días de la semana no se escriben con mayúscula en español a menos que la palabra comience una oración.

1 Domingo

2 Lunes

3 Martes

4 Miercoles

5 Jueves

6 Vienres

7 Sabado

Traza, luego termina la oración. (¡No olvides el punto!)

8 Hoy es

Getty-Dubay® Itálica Básica Días de la semana — preguntas y respuestas

Lee, traza, escribe:

1 ¿Cuántos días hay

2 en la semana?

Copia la oración de las líneas 1 y 2:

3

Traza la oración siguiente. Llena el espacio vacío con una palabra.

4

5 Hay _____ días,

6 en la semana.

Copia la oración de las líneas 5 y 6:

7

8

MIRA: ¿Completas la **a** y la **g** a la 'altura de la x'?

🖉 Encierra en un círculo: sí   no

Getty-Dubay® Serie de la Letra Itálica • Libro C   23   © 2021 Handwriting Success

Meses del Año

Traza, escribe:

Nota: Los meses del año no se escriben con mayúscula en español a menos que la palabra comience una oración.

1. Enero
2. Febrero
3. Marzo
4. Mayo
5. Abril
6. Junio

Es **enero**, y el año nuevo ha llegado –
¡Mira que camino ya hemos logrado!

En **febrero**, un dia lleno de amores
Para dar chocolates y ramos de flores

Marzo trae fuertes vientos soplando
Y cada flor de la tierra bailando

En **abril**, los campos florecen
¡Mira qué tan rápido crecen!

Y con **mayo** ya se puede ver
Que el verano de pronto va a volver

Y en **junio** – ¡al fin! – comienzan las vacaciones
Jugamos en el sol y cantamos canciones

Getty-Dubay® Itálica Básica Meses del ano

Traza, escribe:

1. Julio
2. Agosto
3. Septiembre
4. Octubre
5. Noviembre
6. Diciembre

Julio trae muchas cosas divertidas
Viajes a tierras desconocidas

En **agosto**, el calor ni se puede aguantar
Entonces, ¿que esperas? ¡Vamos a nadar!

En **septiembre,** las clases comienzan otra vez
El verano ya se fue – ¡y con tanto rapidez!

En **octubre,** las hojas empiezan a caer
¡Calabazas en los porches, y mochas hojas que barrer!

En **noviembre,** celebramos el dia de los muertos
Y recibimos el otoño con brazos abiertos

Navidad, hanukkah, kwanzaa —
Son las fiestas de **diciembre,**
Cada casa adornada con luces y nieve.

UNA PARÁFRASIS DE UN POEMA DE MOTHER GOOSE.

Estaciones del Año

Lee, traza y luego escribe: *Oraciones declarativas e interrogativas.*

1. En primavera salen las flores.

Copia la línea 1

2.

3. ¿Hace calor en verano?

4.

5. En otoño caen las hojas.

6.

7. ¿Hace frío el invierno?

8.

Getty-Dubay® Itálica Básica Estaciones del Año

Lee, traza y luego escribe: *Formas superlativas y comparativas.*

1 Un león es un animal grande.

2

3 Un hipopótamo es

4 un animal más grande.

Copia las líneas 3 y 4

5

6

7 ¿Es una ballena aún más

Escribe: "Sí, lo es" o "No, no lo es".

8 grande?

Lee, traza y luego escribe:

1. "¡Comience el día con
2. una sonrisa!"

Copia las líneas 1 y 2

3.
4.

5. "Un amigo es un regalo
6. que te das a ti mismo."

Copia las líneas 5 y 6

7.
8.

MIRA: ¿La letra **d** comienza en la 'altura de la x'?

Encierra en un círculo: sí   no

REVISIÓN DEL GETTY-DUBAY® ITÁLICA BÁSICA

Estas letras son más pequeñas. Traza las letras antes de escribir las tuyas.

1 a b c d e f g h i j k l m n
Copia las línea 1

2
Traza:

3 ñ o p q r s t u v w x y z
Copie las líneas 3

4
Traza:

5 A B C D E F G H I J K L
Copia las línea 5

6
Traza:

7 M N Ñ O P Q R S T U
Copia las línea 7

8
Traza:

9 V W X Y Z . , ¿ ? ¡ !
Copia las línea 9

10
Traza:

11 El alfabeto tiene ___ letras.
Copia las línea 11

12

NOTA AL INSTRUCTOR: Esta es la primera página que utiliza líneas de 6 mm.

GETTY-DUBAY® NUMERALES Y PALABRAS DE NÚMERO

Traza, luego escribe:

1. 0 0 · · · · 0 cero cero
2. 1 1 · · · · 1 uno uno
3. 2 2 · · · · 2 dos dos
4. 3 3 · · · · 3 tres tres
5. 4 4 · · · · 4 cuatro cuatro
6. 5 5 · · · · 5 cinco cinco
7. 6 6 · · · · 6 seis seis
8. 7 7 · · · · 7 siete siete
9. 8 8 · · · · 8 ocho ocho
10. 9 9 · · · · 9 nueve nueve
11. 10 10 · · · 10 diez diez
12. 11 11 · · 11 once once

MIRA: ¿Estás cerrando el círculo de **0, 6, 8** y **9**?   Encierra en un círculo: sí   no

Getty-Dubay® Itálica Básica Numeraless y Parabras de Número

1. 12 12   12 doce doce
2. 13 13   13 trece trece
3. 14 14   14 catorce catorce
4. 15 15   15 quince quince
5. 16 16   16 dieciséis
6. 17 17   17 diecisiete
7. 18 18   18 dieciocho
8. 19 19   19 diecinueve
9. 20 20   20 veinte veinte
10. 100 100   cien cien
11. 1,000 1,000   mil mil
12. 1,000,000   un millon un millon

Getty-Dubay® Itálica Básica Práctica de Oraciones — trabalenguas

Lee, traza, escribe:

1 Tres tristes tigres tragaban trigo
2 en un trigal.
Copia las líneas 1 y 2

3
4

5 Pancha plancha con cuatro
6 planchas.
Copia las líneas 5 y 6

7
8

9 Un perro rojo rompe la rama
10 del árbol.
Copia las líneas 9 y 10

11
12

MIRA: ¿La línea de base y la línea superior están tocando las letras minúsculas como **a, c, e, m, o** y **s**?   Encierra en un círculo: sí   no

Getty-Dubay® Serie de la Letra Itálica • Libro C   32   © 2021 Handwriting Success

Getty-Dubay® Itálica Básica Práctica de Oraciones — trabalenguas

Lee, traza, escribe:

1. ¿Ves los platos de papel de Pancha
2. para papá?

Copia las líneas 1 y 2

3.
4.

5. Cuando cuentes cuentos, cuenta
6. cuantos cuentos cuentas.

Copia las líneas 5 y 6

7.
8.

9. Hoy ya es ayer y ayer ya es hoy.
10.
11. Juan junta juncos junto al jardín.
12.

TRANSICIÓN A GETTY-DUBAY® ITÁLICA CURSIVA

Lee, traza, escribe:

1 Una serifa es una línea que se junta
2 con una letra.
3

Traza, excribe:

4 a *se convierte en* a a d *se convierte en* d d h *se convierte en* h h
   ↖ Serifa de salida

5 i *se convierte en* i i k *se convierte en* k k l *se convierte en* l l

6 m *se convierte en* m m n *se convierte en* n n

7 u *se convierte en* u u x *se convierte en* x x z *se convierte en* z z

Lee, traza, escribe:

8 Las serifas de salida tienen ángulos
9 suaves.
10

Getty-Dubay® Itálica Cursiva Letras Minúsculas

Lee, traza, escribe:

1. Cuatro serifas de entrada tienen
2. ángulos suaves.
3.

Traza, escribe:

4. n *se convierte en* n n   m *se convierte en* m m
   ↙ *Serifa de entrada con ángulo suave*
   ↖ *Serifa de salida*

5. r *se convierte en* r r   *Curva un poco el brazo de la 'r'.*   x *se convierte en* x x

MIRA: ¿Las serifas de entrada en la **n**, **m**, **r**, y **x** tienen un ángulo suave?   Encierra en un círculo: sí no

Lee, traza, escribe:

6. Cuatro tienen ángulos agudos.
7.

Traza, escribe:

8. j *se convierte en* j j   *Serifa de entrada con ángulo agudo*   p *se convierte en* p p

9. v *se convierte en* v v   w *se convierte en* w w

MIRA: ¿Las serifas de entrada en la **j**, **p**, **v** y **w** tienen un ángulo agudo?   Encierra en un círculo: sí no

NOTA: La 'f' tiene una línea descendente.

10. f *se convierte en* f f

NOTA PARA EL INSTRUCTOR: Si el estudiante tiene alguna dificultad con la transición a la itálica cursiva, permita que el estudiante siga con la itálica básica. A algunos estudiantes podría darles gusto usar las serifas de salida que se muestran en estas dos páginas sin usar las uniones que se muestran en las páginas siguientes.

Getty-Dubay® Itálica Cursiva Letras Minúsculas — serifas

SERIFAS DE SALIDA: Estas ocho letras tienen solamente ángulos suaves. (**m**, **n**, y **x** también tienen serifas de salida — ver la página siguiente.)

Traza, escribe: *Escribe tu mejor letra en los siguientes recuadros.*

1. a   ↖ serifas de salida
2. d
3. h
4. i
5. k
6. l
7. h
8. z

MIRA: ¿Cada una de tus serifas de salida tiene un ángulo suave?   ✏️ *Encierra en un círculo: sí no*

Getty-Dubay® Itálica Cursiva Letras Minúsculas — serifas

SERIFAS DE ENTRADA Y SALIDA: *m*, *n* y *x* comienzan con un ángulo suave y terminan con un ángulo suave.

Traza, escribe:

1. m — serifas de entrada / serifas de salida

2. n

3. x

SERIFAS DE ENTRADA — NOTA: La *r* comienza con un ángulo suave.

4. r — Para la itálica cursiva, curva el brazo de la r hacia abajo un poco.

SERIFAS DE ENTRADA: Estas cuatro letras comienzan con un ángulo agudo.

5. j

6. p

7. v

8. w

Getty-Dubay® Serie de la Letra Itálica • Libro C

Getty-Dubay® Itálica Cursiva Letras Minúsculas — unión 1

UNIÓN 1: Unión diagonal con n
Junta en la línea diagonal, y después haga la transición al ángulo suave de la serifa de la **n**.

1. an an an an
    Las serifas son como manos extendiéndose para unirse una con la otra.

Traza, escribe:

2. an   en   in

3. kn   mn   un

4. pan   una   Manuel

5. Manuel come rebanadas de pan.

6.

UNIÓN 1: Unión diagonal en m.
Une en la línea diagonal y después haz la transición al ángulo suave de la serifa de la **m**.

7. am am am am

Traza, escribe:

8. am   em

9. im   um

10. llama   amiga

11. Emma llama a su amiga.

12.

MIRA: ¿Uniste cada pareja de letras subrayadas?   ✏ Encierra en un círculo: sí no

Getty-Dubay® Itálica Cursiva Letras Minúsculas — unión 1

UNIÓN 1: Unión diagonal con r.
Une en la línea diagonal y después haz la transición al ángulo suave de la serifa de la r.

1. ar ar ar ar

   Traza la escritura grande para que sientas la unión antes de escribir la más pequeña.

Traza, escribe:

2. ar er ir

3. hr mr ur

4. cantar divertido

5. Cantar puede ser divertido.

6.

UNIÓN 1: Unión diagonal en x.
Une la línea diagonal y después haz la transición al ángulo suave de la serifa de la x.

7. ax ax ax ax

Traza, escribe:

8. ax ex ix

9. mx nx ux

10. Max examen

11. Max toma el examen.

12.

MIRA: ¿Uniste cada pareja de letras subrayadas?   Encierra en un círculo: sí no

Getty-Dubay® Itálica Cursiva Letras Minúsculas — unión 2

UNIÓN 2: Unión diagonal a medio camino con **n** (opcional).
Une con la **n** a medio camino entre la línea de base y la línea superior.

1. an an an an

Traza, escribe:

2. an en in

3. kn mn un

4. pan una Manuel

5. Manuel come rebanadas de pan.

6.

UNIÓN 2: Unión diagonal a medio camino con **m** (opcional).
Une con la **m** a medio camino entre la línea de base y la línea superior.

7. am am am am

Traza, escribe:

8. am em

9. im um

10. llama amiga

11. Emma llama a su amiga.

12.

MIRA: ¿Uniste cada pareja de letras subrayadas?   Encierra en un círculo: sí no

Getty-Dubay® Itálica Cursiva Letras Minúsculas — unión 2

UNIÓN 2: Unión diagonal a medio camino con r (opcional).
Une con la **r** a medio camino entre la línea de base y la línea superior.

1. ar   ar   ar   ar

Traza la escritura grande para que sientas la unión antes de escribir la más pequeña.

Traza, escribe:

2. ar   er   ir

3. hr   mr   ur

4. cantar   divertido

5. Cantar puede ser divertido

6.

UNIÓN 2: Unión diagonal a medio camino con x (opcional).
Únete a **x** para formar un ángulo agudo.

7. ax   ax   ax   ax

Traza, escribe:

8. ax   ex   ix

9. mx   nx   ux

10. Max   examen

11. Max toma el examen.

12.

MIRA: ¿Uniste cada pareja de letras subrayadas?   Encierra en un círculo: sí no

Getty-Dubay® Serie de la Letra Itálica • Libro C

Getty-Dubay® Itálica Cursiva Letras Minúsculas — unión 2

UNIÓN 2: Unión diagonal a medio camino con i.
Une con la i a medio camino entre la línea de base y la línea superior.

1. ai ai ai ai

Traza, escribe:

2. ai   di   ki

3. li   mi   ni

4. amiga   Alison   diez

5. Mi amiga Alison tiene diez años.

6.

UNIÓN 2: Unión diagonal a medio camino con p.
Une con la p a medio camino entre la línea de base y la línea superior.

7. ap ap ap ap

Traza, escribe:

8. ap   ep

9. ip   up

10. Papá   tulipán

11. Papá cultiva tulipanes en el jardín.

12.

MIRA: ¿Uniste cada pareja de letras subrayadas?   Encierra en un círculo: sí no

Getty-Dubay® Itálica Cursiva Letras Minúsculas — unión 2

UNIÓN 2: Unión diagonal a medio camino con **t**.
Une con la **n** a medio camino entre la línea de base y la línea superior.

1. at at at at

Traza la escritura grande para que sientas la unión antes de escribir más pequeña.

Traza, escribe:

2. at et it

3. nt ut lt

4. gato saltó alto

5. El gato saltó de un techo alto.

6.

UNIÓN 2: Unión diagonal a medio camino con **u**.
Une con la **u** a medio camino entre la línea de base y la línea superior.

7. au au au au

Traza, escribe:

8. au du iu

9. lu mu nu

10. Paul ciudad

11. Paul va a mudarse a la ciudad.

12.

MIRA: ¿Uniste cada pareja de letras subrayadas? Encierra en un círculo: sí no

Getty-Dubay® Itálica Cursiva Letras Minúsculas — unión 2

UNIÓN 2: Oscilación diagonal hacia arriba en v y w.
Junta diagonal en **v** y **w** con ángulo agudo.

1. av   av   av   av

Traza, escribe:

2. av   iv   llave

3. nueve   vivo   polvo

4. aw   aw   aw   aw

5. aw   iw   kw

6. kiwi   Hawái

UNIÓN 2: Unión diagonal en y & j.
Une con la **y** o la **j** a medio camino entre la línea de base y la línea superior.

7. ay   ay   ay   ay

8. ay   ey   uy

9. rey   tuyo   playa

10. aj   aj   aj   aj

11. aj   ij   ej

12. ajo   hija

MIRA: ¿Cuando haces la unión con un un asta ascendente, la línea queda sin lazo?

✏ Encierra en un círculo: sí no

Getty-Dubay® Itálica Cursiva Letras Minúsculas — unión 2

UNIÓN 2: Oscilación diagonal hacia arriba en **b**, **h** y **l**.
Une con la **b**, **h** y **l** a medio camino entre la línea de base y la línea superior.

1. ab   ab   ab   ab

Traza, escribe:

2. ab   ib   abeja

3. ibis   cubo

Ibis: un tipo de ave de pantano de patas largas.

4. ah   ah   ah   ah

5. ah   ih   uh

6. ahora   buho

7. al   al   al   al

8. al   el   il

9. itálica   feliz   bella

10. Estoy feliz de unirme a letras itálicas.

11.

12. Me siento _____ hoy.

Complete el espacio en blanco con tu emoción.
Utiliza todas las uniones que has aprendido hasta ahora.

Getty-Dubay® Itálica Cursiva Letras Minúsculas — unión 3 y 4

UNIÓN 3: Diagonal con o. Esta unión se hace con una línea diagonal recta que termina en la cima de la *o*, y después sigue en sentido antihorario para completar la *o*.

1. no no no . no

Traza, escribe:

2. co co do do ho
3. lo mo no
4. palo nido hogar
5. Un nido de un pájaro es su hogar.
6.

UNIÓN 4: Diagonal con e.
Esta unión se hace con una línea diagonal recta.

7. ne ne ne . ne

Traza, escribe:

8. ce ce de
9. ee ie ue
10. miel bosque
11. Las abejas hacen miel en el bosque.
12.

MIRA: ¿Uniste la *o* y la *e* con una línea recta? Encierra en un círculo: sí no

Getty-Dubay® Serie de la Letra Itálica • Libro C

Getty-Dubay® Itálica Cursiva Letras Minúsculas — unión 5

UNIÓN 5: Horizontal al salir de la f.
Esta unión se hace por extender la línea horizontal de la f hasta la próxima letra.

1. fa   fa fa   fa
2. fa fa   fi fi
3. fi   fo   fu
4. fido   flor   foto
5. Frida tomó una fotografía familiar.
6.

UNIÓN 5: Horizontal al salir de la t.
Esta unión se hace por extender la línea horizontal de la t a la próxima letra.

7. ta   ta ta   ta

Traza, escribe:

8. ta ta   ti
9. to   tr   tu
10. cultiva   tomato
11. La agricultora cultiva tomates.

UNIÓN 5: Horizontal al salir de la x.
Esta unión se hace por extender la línea horizontal de la x a la próxima letra.

12. xi   xi xi   ¡éxito!

Getty-Dubay® Itálica Cursiva Letras Minúsculas — unión 5

UNIÓN 5: Horizontal al salir de la **o**, **v** y **w**.

1. oa oa oa oa

Traza, escribe:

2. oa od ou

3. toallas coala

4. va va va va

5. va ve vi

6. vo viajar evento

7. wa wa wa wa

8. wa wi kiwi

9. ¡Estoy aprendiendo a unir letras

10.

11. para escribir en itálica cursiva!

12.

REVISIÓN DE GETTY-DUBAY® ITÁLICA CURSIVA SE UNE A 1-5

Traza, escribe:

UNIÓN 1
1. an an am ar ax

UNIÓN 2
2. ab ab ah ak al

3. au au ay ai aj

4. ap ap at av aw

UNIÓN 2 Opcional
5. an an am ar ax

UNIÓN 3   **UNIÓN 4**
6. ao ao ae ae

UNIÓN 5
7. oa oa ta ta

8. fa fa va wa xa

Pangrama: Esta tonta frase es un pangrama. Utiliza todas las letras del alfabeto.

9. La cigüeña tocaba cada vez mejor el

10.

11. saxofón y el búho pedía kiwi y queso.

12.

PRÁCTICA CURSIVA ITÁLICA
Ciudades del Mundo

Traza, escribe:

1. A A   Ankara — Turquía
2. B B   Bangkok — Tailandia
3. C C   Calcuta — India
4. D D   Dublín — Irlanda
5. E E   Edmonton — Canadá
6. F F   Fortaleza — Brasil
7. G G   Ginebra — Suiza
8. H H   Helsinki — Finlandia
9. I I   Inchon — Corea del Sur
10. J J   Jaipur — India
11. K K   Kingston — Jamaica
12. L L   Liverpool — Inglaterra

Getty-Dubay® Práctica Itálica Cursiva — ciudades del mundo

Traza, escribe:

1. M M Manila — Filipinas
2. N N Nairobi — Kenia
3. O O Ottawa — Canadá
4. P P París — Francia
5. Q Q Quito — Ecuador
6. R R Rabat — Marruecos
7. S S Sydney — Australia
8. T T Tokio — Japón
9. U U Utrecht — Países Bajos
10. V V Viena — Austria
11. W W Warsovia — Polonia
12. X X Xanthi — Grecia

Traza, escribe:

1. Y Y Yaoundé   *Camerún*
2. Z Z Zúrich   *Suiza*
3. Una urbe es una gran ciudad.
4.
5. Algunas ciudades son muy grandes.
6.
7. La ciudad más grande de mi
8. país es:
9.
10.
11. Vivo en
12. en los

En la línea 11, escribe el nombre de la ciudad en la que vives (o vives cerca). En la línea 12, escribe el estado o país en el que vives.

Getty-Dubay® Práctica Itálica Cursiva — ciudades del mundo

Lee, traza, escribe:

1. La felicidad es tener un amigo.
2.
3. La felicidad es compartir una risa.
4.
5. La felicidad es _____

   Escribe una cosa que te haga feliz.
6.
7. La felicidad es completar el libro C!
8.

Felicidades!

Ahora que hayas completado el libro C, pasa a la página viii para hacer el post-examen. Este va a ser un ejemplo de tu mejor escritura. Si notas que tu escritura ha mejorado, dibuja una estrella para celebrar tu éxito.

Las uniones 1-5 se presentan en el Libro C. Las uniones 6, 7 y 8 se presentan en el Libro D (marcadas con * abajo). El alumno puede unir cualquier letra a otra, pero siempre debe levantar antes de **f** y **z**, y después de **g, j, q** e **y**.

na nb* nc nd ne nf* ng* nh ni nj nk nl nm nn nñ no np nq* nr* ns* nt nu nv nw nx ny nz

Los estudiantes que no pasarán al Libro D pueden usar las siguientes páginas complementarias para aprender las combinaciones de cursiva italica uniones 6-8.

SUPLEMENTO DEL LIBRO C
Introducción a las Uniones 6-8

UNIÓN 6: Una línea diagonal corta de **r** en todas las letras excepto **f**.

1. rr rr rr rr

Traza, escribe:

2. ra rb rc

3. rd re rn

4. rm ro ry

5. Zara Marc Jorge Ariel Mary

6.

UNIÓN 7: Comenzando con una línea horizontal en la línea de base, se funde en una línea diagonal. Siga hacia atrás de **s**, **b** y **p**. Unir a todas las letras, excepto **f** y **z**.

7. su su su su

8. be bi bo bu

9. pe pi po pu

10. se sí so su

11. Abel Hope José Susie Asuna

12.

Getty-Dubay® Suplemento del Libro C — práctica itálica cursiva

UNIÓN 8: Una unión diagonal desde la línea de base que se funde en una línea horizontal en la Línea superior. Unir a *a*, *c*, *d*, *g*, *q* y *s*.

1. es es es · es

Traza, escribe:

2. ca da ia na

3. ac ec ic uc

4. as es is us

5. Cecilia Omar Angela Jesse

6.

LEVANTAMIENTOS: Levanta antes de *f* y después de *g*, *j*, *q* e *y*.
Levanta entre cualquier letra que termine en la línea de base y *z*.

7. af af az az gz gz qu qu

8. af if of uf az ez

9. iz oz uz ga go gu

10. ja ji ju qu ya yo

11. Beatriz Kazuo Liza Suzo Aquila

12.

Líneas de 6 mm

www.ingramcontent.com/pod-product-compliance
Lightning Source LLC
Chambersburg PA
CBHW081407070526
44583CB00020B/2708